AF279386

Agradecimientos:

A Aitana y Matteo, por inspirarme a poner
mi granito de arena para mejorar la vida
de los niños con síndrome nefrótico
y enseñarme a convertir el dolor
en amor a través de la creatividad.

A las fundadoras de Aesni
y a todas aquellas personas que nos
han ayudado en el ilusionante camino de
construir una asociación que acompañe
a las familias con algún pequeño
afectado por nuestra enfermedad.

A Silvia Garrido, por hacer posible
la publicación de este cuento.

Y finalmente, a los nefrólogos que nos ayudan
a llegar a todos los niños y niñas con SNI.

Fiorella Biancardi

Autoras: Chantal Bacallado, Beatriz Morales Gutiérrez
y Fiorella Biancardi
Ilustradora: Fiorella Biancardi

¡Hola!
Soy Tiki, tengo síndrome nefrótico
y te voy a contar mi historia…

En el cuerpo, los riñones son los encargados de limpiar la sangre; guardan los nutrientes que necesitamos y eliminan los que no.
¡Es un trabajo muy importante!

Pero a veces los riñones no pueden hacer bien su trabajo y dejan escapar en mi orina algunos nutrientes necesarios.

No sabemos por qué sucede, pero esta confusión hace que no me sienta bien y que deba ir al médico.

Me noto los párpados de los ojos hinchados,
las piernas y la tripa.

Estoy muy cansado y no tengo buen humor.

Es muy probable que tenga que ir al hospital a que
me revise el nefrólogo o la nefróloga, que son
los especialistas en cuidar los riñones.

Se encargan de analizar las proteínas
de mi orina en una tira que cambia de color.

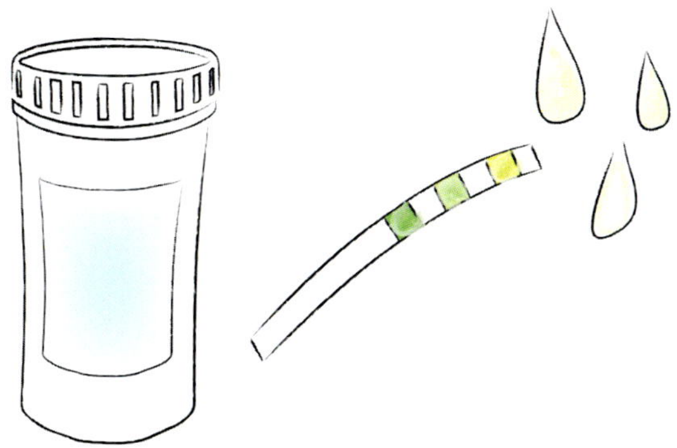

Cuando en la tira aparece el color verde, es señal de
que los riñones no están funcionando correctamente.

Pero cuando es el color amarillo el que brilla,
qué alegría me llevo, ¡estoy bien!

Según los resultados, los especialistas indicarán
si debo quedarme en el hospital o reposar en
casa hasta que me ponga mejor.

Pero después de unos días, lo normal es que vuelva
al colegio y continúe haciendo ejercicio.

Debo evitar contagiarme de virus, por eso
debo lavarme las manos frecuentemente

y abrigarme si hace frío.

Es muy importante que
me alimente bien,
que tome mucha fruta,
verdura y nada de sal.

A veces, para conseguir estar en amarillo debo tomar
medicación. La verdad es que está malísima, pero yo
me imagino que son superpoderes que van a
protegerme y a conseguir que me sienta mejor.

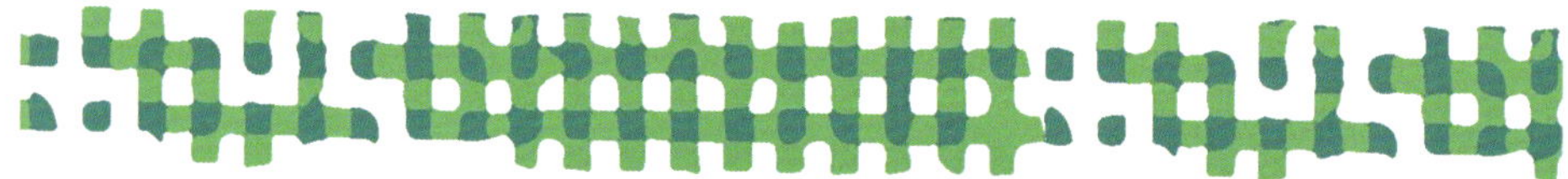

La medicación puede hacerme sentir muy extraño.
Unas veces, tengo mucha energía y me da mucha
hambre; otras me enfado mucho, me canso más
fácilmente o me siento triste.

Con la medicaciòn mi cuerpo puede cambiar
un poco; mis mofletes se ponen colorados
y mis cejas marcadas.

Es sólo temporal, pronto volveré a estar
como siempre...

Muchas veces necesito probar distintos
medicamentos para recuperarme, pero poco a poco
mis riñones se ponen en marcha y vuelven a hacer
bien su trabajo, ¡es como volver a empezar!

Y recordad que, aunque a veces la recuperación
sea larga, al final siempre sale el sol.

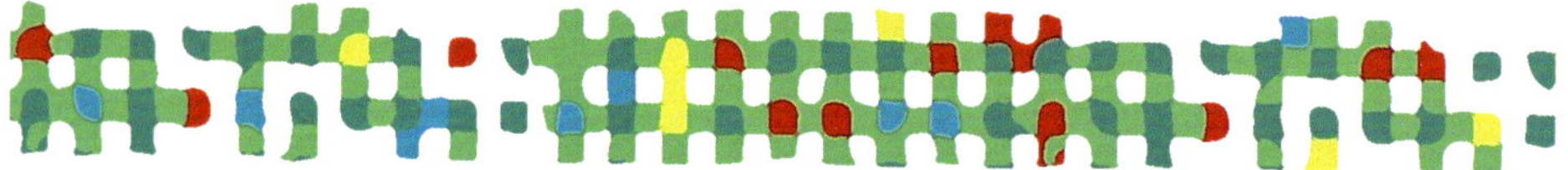

Sobre Tiki...

"La historia de Tiki" es un cuento que describe de una forma fácil, sencilla y visual, a través de un riñoncito llamado Tiki, la enfermedad del Síndrome Nefrótico Infantil.

A lo largo de esta historia, Tiki nos mostrará los cambios que experimenta su cuerpo, cómo se siente, la medicación que ha de tomar, las recomendaciones médicas que ha de seguir para recuperarse y continuar su vida con normalidad, como el resto de niñas y niños.

Con este cuento...

La Asociación Española de Síndrome Nefrótico Infantil, AESNI, pretende dar a conocer la enfermedad de Síndrome Nefrótico Infantil; una glomerulopatía primaria definida clínicamente por proteinuria, hipoalbuminemia y edemas, que es consecuencia de la lesión de la barrera de filtración glomerular.

AESNI comienza su andadura en el año 2014 con la necesidad de crear un espacio de encuentro para las familias afectadas.

A través de la asociación, se ofrece información a aquellos que quieran saber sobre los avances en la investigación de la enfermedad, tratamientos, hábitos y alimentación con el fin de conseguir una mejora en su calidad de vida y bienestar.

Podéis obtener más información acerca de nosotros en nuestra web www.aesni.es

© Silvia Garrido Rodríguez (de la obra)
©Apuleyo Ediciones (de esta edición)
Primera edición en Apuleyo Ediciones: enero 2024
Diseño de cubierta: Sofía Corzo González
Corrección: Lorena Maestre Gregori
Maquetación: Alejandro Bermejo Cercas
Ilustraciones: Fiorella Biancardi
Coordinación editorial: Isidoro Cidre González
info@apuleyoediciones.com
www.apuleyoediciones.com
ISBN: 978-84-10068-77-3
Depósito legal: H 587-2023

Hecho e impreso en España.

Asociación Española de Síndrome
Nefrótico Infantil

APULEYO EDICIONES   FOMENTO DE VALORES   CUENTOS ILUSTRADOS

La historia de Tiki

APULEYO EDICIONES   FOMENTO DE VALORES   CUENTOS ILUSTRADOS